Elise Gravel

LE RAT

la courte échelle

Pour Luna,
mon petit raton mignon.

Les éditions de la courte échelle inc.
160, rue Saint-Viateur Est, bureau 404
Montréal (Québec) H2T 1A8
www.courteechelle.com

Dépôt légal, 3e trimestre 2013

Bibliothèque nationale du Québec

La courte échelle reconnaît l'aide financière du gouvernement du Canada par l'entremise du Fonds du livre du Canada pour ses activités d'édition. La courte échelle est aussi inscrite au programme de subvention globale du Conseil des arts du Canada et reçoit l'appui du gouvernement du Québec par l'intermédiaire de la SODEC.

La courte échelle bénéficie également du Programme de crédit d'impôt pour l'édition de livres — Gestion SODEC — du gouvernement du Québec.

Catalogage avant publication de Bibliothèque et Archives nationales du Québec et Bibliothèque et Archives Canada

Gravel, Élise

Le rat

(Les petits dégoûtants, t. 4)
Pour enfants de 4 ans et plus.

ISBN 978-2-89695-232-8

1. Rats - Ouvrages pour la jeunesse. 1. Titre.
QL737.R666G72 2013   j599.352   C2013-940906-8

Imprimé en Chine

Elise Gravel

LE RAT

SALUT !

la courte échelle

Mesdames et messieurs, je vous présente votre nouveau copain dégoûtant:

LE RAT.

Les rats les plus connus des humains sont le rat d'égout et le rat noir, qu'on appelle en latin

RATTUS RATTUS.

Le rat ressemble un peu à la SOURiS.

Comme elle, il a une longue queue, des dents tranchantes et un museau pointu, mais il est en général beaucoup plus gros (et plus vilain).

BOP!

La queue du rat, longue et sans poils, est très agile. Il peut s'en servir pour garder son équilibre, et elle lui sert parfois de

CINQUIÈME PATTE :

il peut l'enrouler autour d'un objet pour s'accrocher.

Elle est aussi pratique pour me fouiller dans le nez.

Le rat est un véritable

ATHLÈTE :

il peut sauter en hauteur et en longueur, courir très vite, nager et s'aplatir pour passer dans des trous aussi petits qu'une pièce de 25 sous.

25¢

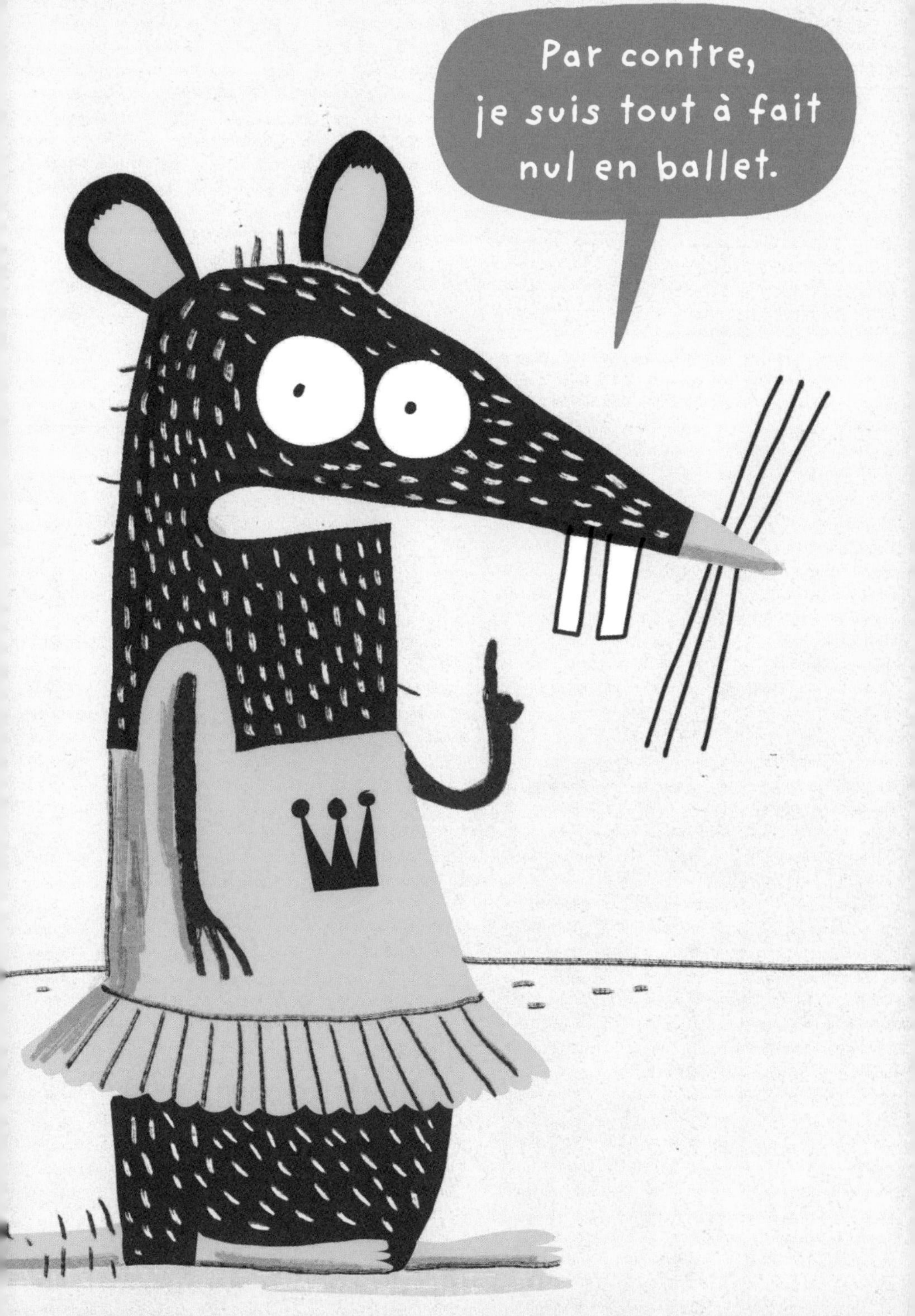
Par contre,
je suis tout à fait
nul en ballet.

Le rat possède quatre grandes

INCISIVES

jaunes, très tranchantes. Comme elles allongent de 14 centimètres par an, il doit les user en

GRIGNOTANT.

Les dents du rat sont très

SOLiDES !

Il peut ronger pratiquement n'importe quoi: des fils électriques, du ciment, du bois, du plastique, du papier.

LE RAT

Le rat vit souvent près des humains, parce qu'il aime se servir dans nos provisions de nourriture, dans nos

POUBELLES

et dans nos égouts.

Je prendrais bien un peu de fil électrique avec sauce tomate.

Le rat est très

IMPOLI :

il ne se gêne pas pour faire ses petits besoins n'importe où, y compris dans les garde-manger des humains. Il peut alors transmettre des tas de

MALADIES,

parfois graves.

Le rat est très

INTELLIGENT.

Il est capable d'apprendre beaucoup de choses, de trouver son chemin dans un labyrinthe et de résoudre des

PROBLÈMES

compliqués.

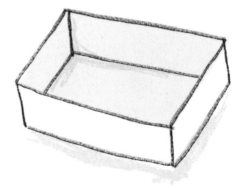

En observant les rats, les **SCIENTIFIQUES** apprennent des tas de choses importantes qui peuvent leur servir pour soigner les humains.

Oui mais, euh... est-il vraiment nécessaire de m'observer EN TOUT TEMPS?

Le rat est un très bon animal de laboratoire parce qu'il est un mammifère

FUTÉ

comme nous, et que certains de ses

COMPORTEMENTS

ressemblent aux nôtres.

Même si beaucoup de gens trouvent les rats vraiment dégoûtants, certains les trouvent tellement mignons qu'ils en apprivoisent un et le gardent comme

COMPAGNON.

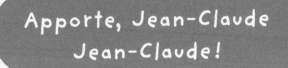

lors la prochaine fois que tu
rencontreras un rat, sois aimable.
On ne sait jamais, peut-être
qu'un jour il t'aidera à faire tes

DEVOIRS !